POLITIQUE DE LA FRANCE

EN ORIENT

-∞-

1849

-∞-

PAR

V. DE PUYSÉGUR.

Ancien Représentant du *Tarn*.

———●◉●———

PARIS.

GARNIER FRÈRES, libraires au Palais-National.

—

1849.

Le hasard des circonstances (1), et peut être aussi un de ces vagues pressentiments qui signalent à l'avance les révolutions près de s'accomplir, nous ont porté à considérer attentivement un point éloigné de notre horizon politique qui excitait naguère, à un haut degré, l'intérêt et les appréhensions de l'Europe.

L'affaissement de l'opinion, et de l'esprit

(1) Dans les derniers mois de l'Assemblée constituante, une réunion d'un certain nombre de représentants s'était spontanément formée, sous la présidence de l'honorable M. Mauguin, dans le but d'étudier, d'examiner en commun, et de discuter des questions relatives à la politique étrangère. Cette réunion, sans caractère officiel, organisée à une époque trop avancée de la session, ne tint que deux séances, et n'eut aucun résultat. Dans une de ces séances, quelques questions spéciales ayant été indiquées à divers membres, comme devant faire l'objet d'études particulières, nous avons été amenés à nous occuper avec quelque suite, de la question qui fait le sujet de cet écrit. Effrayé par l'examen des documents nombreux, *authentiques*, *irrécusables* qui ont passé sous nos yeux, et nous ont montré la véritable situation de la France dans le Levant, nous avons cru devoir jeter un cri d'alarme.

Nous ne ferons, du reste, qu'indiquer des résultats. Nous croyons que cela suffit pour éveiller l'attention de ceux qui gouvernent le pays, et qui ont dans ce moment la responsabilité des événements qui se préparent.

public qui caractérisa les dernières années du précédent gouvernement, les événements formidables qui se sont accomplis depuis sa chute, et qui ont agité et qui agitent encore tout le continent européen, avaient détourné pour un temps, l'attention du monde d'une de ses plus anciennes préocupations, et paraissaient lui avoir fait en quelque sorte oublier le point le plus important de ses destinées à venir, l'objet capital des intérêts les plus universels de notre hémisphère; nous voulons parler de la *question d'Orient*.

Depuis longtemps cette question menaçante a paru défier la sagacité des hommes d'État qui doivent la résoudre, et elle semble ne leur apparaître encore, qu'à travers cette épaisse nuit pleine d'incertitudes, et de confusion, que la révolution a étendue sur tout l'occident. Dans la funeste année de 1840, elle avait paru devoir sortir des obscurités qui la couvraient. L'incendie de Beyrout et de Saint-Jean-d'Acre, dénouement de la politique du gouvernement de juillet, mettant à découvert avec ses fautes et sa pusillanimité, l'habilité, et l'énergie de l'Angleterre, avaient montré cette puissance prenant un ascendant irrésistible dans la Méditerranée.

La conscience publique en fut un moment émue. Un moment elle parut avoir le sentiment juste et vrai d'une situation qui n'était pas seulement fatale aux intérêts de la France, mais à ceux de tous les peuples. La faiblesse des gouvernements, peut-être aussi leur ignorance, leurs préocupations intérieures effacèrent vite ces impressions passagères. Depuis lors, les intérêts européens furent plus que jamais livrés au plus entier abandon. L'autorité et la prépondérance qui étaient acquises à la France dans les dernières années de la Restauration, le protectorat qu'elle exerçait encore à cette époque, sur les populations chrétiennes de l'Asie; l'empreinte profonde laissée par son génie sur cette terre d'Égypte, que nos immortelles victoires de 1798 paraissaient avoir rendu à la vie, furent, en s'affaiblissant et en s'amoindrissant, et semblent aujourd'hui presque entièrement effacés.

C'est dans cette situation que de nouvelles et graves complications viennent se produire, et la question d'Orient apparaît de nouveau pour entrer peut-être, tout à coup, et violemment dans le mouvement des affaires qui appellent une prompte et suprême solution. Aussi nous croyons qu'il est urgent de l'examiner, afin que l'opinion publique soit avertie, car il y a là, nous le pensons, de grands intérêts compromis jusqu'à cette heure, par d'injustes appréciations, et des préventions aveugles.

Le règne qui vient de finir en est la cause. La désastreuse direction donnée à notre politique, ses incertitudes, ses tâtonnements, ses faiblesses qui tenaient à une situation radicalement fausse, nous ont fait oublier les traditions de notre ancienne politique.

Il en est résulté un mal immense, et un danger imminent. Nous ne savons s'il n'est pas déjà trop tard pour le conjurer, mais il importe toujours de le signaler. C'est ce que nous voulons essayer dans la mesure de notre faiblesse, et de notre insuffisance.

Notre but n'est pas de soulever d'inutiles récriminations contre le passé, nous ne sommes mus que par un pur sentiment de patriotisme. Notre seul désir, c'est de jeter quelque lumière, et d'appeler l'attention de l'Assemblée des représentants, sur une des plus graves et des plus hautes questions, qui puissent intéresser l'avenir et la grandeur de la France.

Un des résultats les plus malheureux de la révolution française a été la perte totale de notre prépondérance dans le Levant. Jusqu'en l'année 1792, malgré des fautes, malgré de justes plaintes que la Porte pouvait élever contre le système politique adopté en 1756, et qui lui était si défavorable, nous avions conservé au fond de la Méditerranée une autorité, une influence, et des priviléges dominants. Depuis lors, la révolution ayant placé l'empire ottoman dans les mêmes conditions où se trouvaient les autres puissances, tous les avantages de notre situation furent détruits et perdus. A la chute de l'empire, et malgré les efforts qu'avait fait Bonaparte, après l'abandon de l'Égypte, pour renouer l'ancienne alliance, nous cessâmes d'être considérés comme la première nation ; et l'ascendant que nous pouvions bien exercer encore, par la grandeur et l'éclat de nos victoires, ne put nous rendre le bénéfice de nos anciennes capitulations, ni cette autorité morale, cette haute considération, acquise à la France, par les règnes de François Ier, d'Henri IV, de Louis XIV, et qui lui faisaient exercer, dans tout l'Orient, une sorte de suzeraineté.

C'est dans ces conditions que la Restauration succéda à l'empire. Tous les éléments de notre ancienne prépondérance ayant disparu, le système de nos relations en dut être profondément modifié. Vingt-cinq ans de guerre, avaient livré à l'Angleterre la plus grande partie du riche commerce que nous faisions dans le Levant. L'Autriche était devenue maîtresse de l'Adriatique, nous n'avions plus d'influence en Italie. Désormais, les nations que la France couvrait jadis de son protectorat allaient être représentées par leurs propres agents. Les avantages exclusifs assurés par nos anciens traités n'existaient plus, et notre commerce, primé par celui de l'Angleterre, allait rencontrer aussi une redoutable concurrence dans la navigation autrichienne.

Ces deux puissances, devenues les alliés naturelles de la Porte, se trouvaient dans une situation telle, vis-à-vis de la Russie, qu'elles devaient inspirer à la Porte une particulière confiance qui naissait d'une certaine identité d'intérêts et de dangers. Écrasé par ses dernières guerres, affaibli par de nombreuses causes de désorganisation intérieure, démembré par les traités de 1792, de 1812 et de 1814, l'empire Ottoman ne pouvait plus offrir à la France les avantages de son ancienne alliance ; s'unir à elle comme nous l'avions fait dans le passé, c'eut été s'allier à la faiblesse ; nous ne le fîmes point, et c'est ainsi que nous réservâmes une certaine indépendance, une liberté d'action, qui servit merveilleusement notre influence, notre dignité, et nous fit bientôt recouvrer une partie des avantages que nous avions perdus.

C'est dans cette situation que s'ouvre la *question grecque*, point de départ de la nouvelle politique de tous les États de l'Europe dans le levant, qui sert à caractériser d'une manière saisissante et instructive, l'ordre de faits et d'intérêts nés d'un état de chose absolument nouveau, que la guerre, les traités, la révolution viennent de produire.

Suscitée par la profonde politique de la Russie, l'affaire de Grèce causa une émotion et un intérêt immenses dans tout l'Occident. En Angleterre, ce fut avec un sentiment d'anxiété et d'appréhension qu'on

1.

vit cette puissance se déclarer hardiment
pour l'affranchissement du peuple grec, se
placer ainsi en avant du mouvement libéral
de l'opinion, pour s'y assurer une popula-
rité dangereuse. Les craintes furent si vives
que la raison et le bon sens diplomatique
de l'Angleterre en furent en quelque sorte
troublés. Méconnaissant les intérêts les plus
évidents, elle allait concourir au démembre-
ment de la Porte, créer un état nouveau
qui devait être, un jour, un concurrent
dangereux pour son commerce, affranchir
des populations voisines de ses possessions
des îles Ioniennes. Tous ces dangers s'effacèrent pour elle, par l'effet d'une ombrageuse
et instinctive rivalité qui, reconnaissant
l'irrésistible ascendant qu'allait avoir la
Russie dans le rôle populaire qu'elle se
donnait, poussa l'Angleterre à faire alliance
avec elle, pour partager l'honneur si ce
n'est les avantages de l'intervention. C'est
ainsi qu'elle s'associa avec un empresse-
ment inquiet à la politique du cabinet russe,
et qu'elle envoya lord Wellington à Saint-
Pétersbourg.

Jusque-là, la France n'avait paru que
d'une manière secondaire en Orient, l'An-

gleterre et l'Autriche auraient voulu l'en exclure absolument, mais la Russie ne le permit pas. Ce fut elle, ce fut l'empereur Alexandre qui exigea malgré la résistance obstinée du duc de Wellington, que nous fussions appellés comme puissance contractante dans l'arrangement du 4 avril 1826, arrangement, qui devint plus tard, sur la demande de la France, et sans le concours de l'Autriche et de la Prusse, le traité de Londres du 6 juillet 1827, qui assurait l'affranchissement de la Grèce.

Chose remarquable! et c'est là le motif qui nous a fait publier avec quelque détail, les circonstances qui se produisent à ce point capital de la question. La France va jouer un premier rôle dans le mouvement du monde en Orient, et c'est la Russie qui l'y convie, qui l'y appelle! tandis que l'Angleterre et l'Autriche font tous leurs efforts pour l'en éloigner. Dès lors, notre position devient magnifique; notre influence s'agrandit; nos vaisseaux, objet d'admiration, reparaissent sur cette mer naguère sillonnée par les vaisseaux de notre expédition d'Égypte. Aujourd'hui, comme alors, ils vont servir sur les rivages de la Grèce, la cause de la civilisation. Nous allons retrouver en Syrie notre ancienne autorité. Par le seul rayonnement de notre action civilisatrice, la terre des Ptolémées va sortir de nouveau de son sépulcre; elle va se constituer à l'état de puissance militaire et maritime redoutable, étendant son action en Afrique, et en Asie sur tout le littoral de la mer Rouge. Le créateur de cet empire, plein de sympathie pour la France, va se déclarer en quelque sorte son vassal, et s'offrira à venger ses injures (1). Et en même temps, pendant que la Russie verra, sans ombrage, la puissance et l'accroissement de son alliée, celle-ci accourra au secours de la Porte, vaincue et envahie par une armée de cent mille Russes, et par sa puissante protection elle sauvera Constantinople.

Mais tandis que nous étendions ainsi sur tout l'Orient le bienfait de notre action guerrière et pacifique à la fois; que nous reprenions au milieu des états de l'Europe le haut rang qui nous appartient, et que nous réparions les désastres des dernières années,

(1) Méhémet-Ali avait offert au gouvernement français de faire l'expédition d'Alger.

l'Angleterre suivait d'un œil jaloux notre accroissement de puissance et manifestait partout, comme elle l'avait fait déjà au Congrès de Vérone, à Saint-Pétersbourg, puis comme elle le fit plus tard à Alger, un profond mécontentement et un sentiment d'hostilité déclaré.

C'est alors qu'une agitation intérieure et profonde vient assombrir l'horizon de la France. Des divisions ardentes et intestines détournent la pensée publique de la sphère des intérêts nationaux, pour l'entraîner dans celle des passions et des factions. Des partis puissants s'élèvent, et manifestement soutenus de sympathies et d'appuis étrangers, ils préparent une crise révolutionnaire, qui éclate enfin, et échange soudainement la situation de la France en Europe.

Peu de temps après cet événement, notre ambassadeur à Constantinople, M. le général Guilleminot, a écrit ces mots : « La révolu- » tion qui s'est opérée en France est aussi » populaire en Angleterre qu'en France » même. » Nous allons en voir la cause.

Dès ce moment tous les rôles sont changés ou profondément modifiés. La France, mise hors de cause, est livrée à ses déchirements intérieurs et n'est plus considérée que comme puissance secondaire. Elle essaye bien encore pendant quelque temps de continuer timidement la politique de la Restauration; mais bientôt elle se ravise. La pensée du nouveau règne imprime à notre ambassadeur à Constantinople une direction nouvelle; l'idée dominante, ce n'est plus d'exercer avec grandeur et indépendance le rôle de protecteur de la civilisation et du progrès, sur tous les rivages de l'Orient, et de pacificateur désintéressé à travers des intérêts rivaux et ambitieux ; non! devenus plus réservés et plus modestes, nous allons accepter une position secondaire. Renonçant à toute initiative, nous allons marcher à la suite d'une puissance qui, naguère, nous repoussait, et maintenant nous appelle.

Quand la Russie nous faisait entrer, malgré le duc de Wellington, dans le règlement des affaires de la Grèce, elle avait voulu nous voir au premier rang, avec l'importance et l'indépendance qui convenaient à une grande puissance : maintenant, quand l'Angleterre nous appelle à son tour, c'est pour nous faire marcher à sa suite ; et c'est ainsi, qu'acceptant ces conditions, le gouvernement français écrit en 1832 à son ambassadeur : « Les intérêts de la France » et de l'Angleterre sont *identiques* en » Orient. Ces deux gouvernements ont le » même but, c'est d'empêcher le renver- » sement de l'empire ottoman. » Ces inté- rêts communs, *identiques*, que la sagacité britannique n'avait pas encore soupçonnés, dont on ne s'était pas douté en 1826, ils se révélaient tout à coup aux deux gouverne- ments, mais dans quelles conditions ? Les événements vont le dire.

Dès ce moment, la politique du monde entre dans une phase nouvelle. Le contre- poids de la France cesse de se faire sentir ; l'équilibre modérateur est rompu ; le mou- vement ascendant et civilisateur qui éle- vait et agrandissait la question d'Orient, s'arrête.

Ce n'est plus seulement la Russie qui, par son action puissante et continue, sape lente- ment, infailliblement, l'empire de Constan- tinople, et le pousse à sa ruine. C'est l'An- gleterre qui commence, elle aussi, l'œuvre de destruction avec une audace et une ardeur que la faiblesse du gouvernement français peut seule expliquer.

Après avoir vainement essayé de substituer auprès du pacha d'Egypte son influence
à celle de la France, dont elle a ruiné le
crédit et l'autorité par son habile politique,
elle pousse le divan aux résolutions les plus
extrêmes, les plus violentes; et le vice-roi,
Méhémet-Ali est fatalement amené à équiper
une flotte, à lever des armées qui ne peuvent avoir pour lui finalement d'autre résultat que d'affaiblir, d'appauvrir, de ruiner
l'Egypte. C'est là le dessein de l'Angleterre;
c'est là son but.

En même temps qu'elle entraîne la Porte
à une guerre désespérée et funeste, mais qui
flattant les passions du sérail lui persuade
la bonne amitié de son alliée, elle étend
son action sur la Syrie; elle s'assure par un
traité secret la possession de l'Eufrate,
qu'une appréciation erronnée lui montrait
encore à cette époque, avant 1840, comme
la route la plus favorable pour aller aux
Indes.

C'est dans ces circonstances, lorsque le
dénouement tragique de 1840 vient de dé-
truire à jamais les dernières forces et les
dernières ressources du pacha d'Egypte,
mettre à néant ce qui restait de crédit et

d'influence à la France sur ce rivage où l'action civilisatrice de la Restauration allait recueillir le fruit des glorieux travaux et des combats de nos armées, c'est dans ces circonstances, disons-nous, que l'ambition britannique se montrant à découvert, arbore son pavillon à l'entrée du golfe Arabique, et s'assure, par l'audacieuse prise de possession de l'île de *Socotora* et de la forteresse d'*Aden*, une nouvelle île de Malte et un nouveau Gibraltar.

Maîtresse de la mer Rouge et convoitant déjà la possession de Suez, que la faiblesse des cabinets de Vienne et de Paris, ou peut-être leur ignorance de leurs intérêts, n'a pas su faire mettre encore en état de défense, l'Angleterre va prendre possession de la voie la plus prompte, la plus favorable qui puisse la faire communiquer avec son empire des Indes, et lui assurer la continuation d'un monopole qui, depuis longtemps, a fait passer dans ses mains tous les bénéfices d'un commerce qui avait successivement fait la gloire et la grandeur des républiques de l'Italie, qui avait enrichi la France et avait fait une grande puissance du Portugal.

Voilà la situation que la révolution de Juillet a faite à l'Angleterre. Maintenant il importe de savoir si cet état de choses, dans les conditions nouvelles où se trouve la France, doit être continué et accepté. Il faut se demander, si l'opinion publique et les représentants de la nation peuvent rester indifférents au dénoûment infaillible qui se prépare et qui est aujourd'hui prochain.

La France est dans ce moment aux prises avec une situation intérieure pleine d'anxiété et de périls; mais est-il vrai pourtant qu'il y a là loin de nous, au fond de la Méditerranée un intérêt si puissant, si immédiat, que, malgré nos préoccupations, nous devions y porter une attention inquiète? Cela nous paraît de toute évidence. Quelles que soient nos agitations politiques, communes dans ce moment à presque tous les États, l'Europe, et particulièrement la France, ne doivent pas oublier, sous peine de périr, la grande mission d'initiation et de progrès qui leur a été providentiellement donnée.

Nous sommes dans ce moment témoins d'un fait immense qui, dans un temps plus ou moins prochain, doit changer nécessairement toutes les relations commerciales des peuples. Nous voulons parler de la destruction de l'Islamisme.

Il y a trois cents ans que le fatal génie de Mahomet avait contraint la chrétienté, refoulée dans l'Atlantique, à chercher, au-delà du cap de Bonne-Espérance, un passage pour ses vaisseaux. Aujourd'hui les barrières qu'il avait élevées, entre l'Europe et l'Asie, sont tombées. L'heure semble venue où il dépend des nations de l'Occident, dont les forces se consument en agitations stériles, de donner le branle à une grande et salutaire révolution qui, au point de vue politique, pourrait avoir pour elle les mêmes avantages qu'elles trouvèrent dans les croisades, et, au point de vue commercial, d'incalculables profits.

Malgré ce que nous avons déjà dit de l'accroissement de puissance de l'Angleterre, le seul État, comme nous allons essayer de le démontrer, qui ait, dans cette grande crise, des intérêts contraires à ceux de tous les peuples, les circonstances nous paraissent encore favorables à son accomplissement.

Cela tient à ce que l'empire turc est encore debout, à ce que l'Egypte, malgré son profond dénuement et son impuissance, a conservé un simulacre de gouvernement et une certaine apparence d'indépendance : Alexandrie et Constantinople n'ont pas encore changé de maîtres.

Depuis que la France est descendue du rang qu'elle occupait il y a vingt ans, depuis les récents événements qui ont fait tomber la monarchie autrichienne sous la protection de la Russie, il n'y a plus en Orient que deux puissances en mesure de régler les conditions d'un partage prévu depuis longtemps, et qui, pour n'être pas encore officiel et définitif, est déjà commencé, et peut, d'un instant à l'autre, passer à l'état de fait accompli.

Ces deux puissances sont la Russie et l'Angleterre.

La Russie, qui a devant elle un immense développement, ne nous paraît pas avoir des intérêts absolument incompatibles avec les peuples, qui, comme nous, occupent le bassin de la Méditerranée. Quelle que pression momentanée qu'elle puisse exercer sur l'Occident, il est dans la force naturelle des choses qu'elle s'étende irrésistiblement sur l'Asie; et le jour où ce fait s'accomplira, il se produira dans son sein des causes d'affaiblissement et de révolution intérieure qui diminueront nécessairement le danger dont elle pourrait être pour nous. Cependant, la Russie se trouve géographiquement dans une position si favorable par rapport à l'Inde, depuis surtout qu'elle touche à la Perse par la Géorgie et la mer Caspienne, qui peut, ainsi que la mer Noire, être mise en communication directe avec la Baltique, par le Don et le Volga réunis, que ce serait un malheur pour le continent si, le jour où l'antagonisme latent qui existe entre elle et l'Angleterre venait à éclater, elle essayait, ce qui nous paraît dans ce cas inévitable, de se substituer absolument dans l'Inde à sa rivale en monopolisant à son profit une si riche possession.

Pour ce qui est de l'Angleterre, elle n'est pas seulement un danger pour l'Europe dans la solution qui se prépare, elle est un mal immense. Déjà saisie, par une possession ancienne et qui s'étend chaque jour, d'un commerce qui n'a pas d'égal; augmentant incessament ses possessions en Asie, elle s'est attribué, par le machiavélisme de sa politique, par les circonstances les plus favorables, par sa constance et par son énergie, le monopole de toutes les richesses des pays les plus magnifiques de l'univers.

Aujourd'hui, inquiète de l'affaiblissement de la Porte, dont l'empire, au temps de sa grandeur, élevait, comme nous l'avons dit, une barrière entre l'Inde et l'Europe; inquiète de cet ascendant de la civilisation de l'Occident, dont les progrès font fermenter sur tous les rivages de la Méditerranée des nationalités qui tendent à s'affranchir; effrayée des envahissements de la Russie du côté de la Perse, elle s'est préparée par un effort continu, à rapprocher les extrémités de son vaste empire, afin d'en mieux garder l'enceinte. Elle a tracé par un travail incessant, et avec une profonde habileté, une route formidable, qui, depuis les rochers de Gibraltar, s'avance dans la Méditerranée par Malte et Corfou, et doit correspondre par l'Égypte, et la mer Rouge, avec la forteresse d'Aden, et l'île plus importante encore, comme point stratégique, de Socotora. C'est ainsi, par cette voie militaire, par ces défilés armés de canons et de soldats, qu'elle entend arrêter le mouvement du monde, se substituer pour l'Europe au Croissant, maintenir, dans l'intérêt de sa marine, la navigation de l'Atlantique, et garder encore sous le séquestre, au profit de ses anciens priviléges et de son inqualifiable négoce, ces immenses populations qui aspirent à sortir de leur immobilité.

Dans cette situation, quel est l'intérêt de la France ? Il n'est pas autre que celui de toutes les nations du continent, sans en excepter même la Russie ; c'est celui de la chrétienté et de la civilisation, c'est celui de l'humanité dans ses plus magnifiques perspectives, dans ses plus généreuses aspirations. Il s'agit de *fusionner* par une voie rapide facile, commune à tous les peuples de notre hémisphère, l'Europe, l'Asie et le continent africain.

Il s'agit de faire produire enfin à cette grande puissance, la plus étonnante que le génie de l'homme ait jamais conçue, la vapeur ! les phénomènes qui sont en elle, et qui doivent renouveler la face de la terre.

Il s'agit d'amener tous les peuples de l'univers au sein de cette mer illustre, que la main de Dieu a creusée entre tous les continents du vieux monde, pour un rendez-vous sublime, et de les faire participer à tous les bénéfices d'un immense commerce qui, dès aujourd'hui, a pour élément essentiel l'empire de Chine, plus peuplé à lui seul que tous les états de l'Europe réunis. Pour accomplir cette merveille, que faut-il? — Il faut ouvrir un passage libre à la navigation; faire pénétrer la mer des Indes dans la Méditerranée par l'Égypte; creuser à travers l'isthme de Suez un large canal, pour permettre aux bateaux qui mouillent dans les eaux de Marseille, de Trieste, de Constantinople et de Sébastopol, de déployer leurs pavillons amis, dans le golfe du Bengale (1), dans la mer de Chine, et jusque sous les murs de Pékin.

Ce canal est, selon nous, la solution pacifique de la question d'Orient. Tous les peuples du littoral de la Méditerranée y sont également intéressés. La Russie n'a aucun motif de s'y opposer; l'Angleterre s'y oppose, car

(1) Dans l'état actuel des communications par la mer Rouge, il faut à peine trente jours pour venir de Calcutta à Marseille.

elle seule a des intérêts contraire aux intérêts du monde.

Au commencement du siècle , elle fut
si effrayée des projets de Bonaparte , qui
réalisait déjà dans sa pensée ce grand dessein, qu'un homme important (1) dans ce
pays écrivait à un ministre d'Angleterre ,
D. Dundas :

« Pendant 300 ans, les puissances rivales
» se sont disputé , dans le grand Océan , les
» avantages du commerce et de la colonisa-
» tion ; mais , désormais , les États doivent
» détourner leur attention de l'Atlantique ,
» pour la porter sur l'Océan indien et pacifi-
» que, sur la Méditerranée, sur le Nil, sur les
» golfes d'Arabie et de Perse.... de nouvelles
» combinaisons commerciales hostiles à l'é-
» gard des intérêts établis de la Grande-Bre-
» tagne , sont plus formidables et plus dan-
» gereuses que l'affermissement de la répu-
» blique française....

» De toutes les découvertes faites en Égypte
» par les Français, le plan du canal qui joi-
» gnait jadis la mer Rouge à la Méditerranée,

(1) *Lettres politiques , commerciales et littéraires sur*
l'Inde, etc., par le lieutenant-colonel Taylor.

» est celle dont ils se glorifient le plus » (1).

S'ils réalisaient leurs espérances : « Le
» commerce reprendrait par degré son an-
» cienne route dans le levant... ils poseraient
» les fondements d'un nouvel ordre de choses
» à l'égard de l'Inde, qui causerait un préju-
» dice immense au commerce de l'Angleterre
» dans cette partie du monde, s'il ne le dé-
» truisait en entier....

» ... Il faut que les Français soient chassés
» de l'Égypte, et le gouvernement mahomé-
» tan rétabli. Ne perdons pas de vue les pro-

(1) L'existence de ce fameux canal occupa beaucoup les
recherches de Bonaparte. Vers la fin de novembre 1798, un
détachement de 1,600 hommes commandé par ce général prit
possession de Suez. Bonaparte y arriva en personne le 26 dé-
cembre suivant. Son premier soin se porta sur la ville et les
pays adjacents, en y construisant des ouvrages et en faisant
des dispositions convenables au commerce. En avançant vers
le nord, il découvrit l'entrée de l'ancien canal de Suez dont il
traça le cours pendant quatre lieues. Après avoir passé le fort
d'Adgeroud il traversa le désert, et en s'en retournant par Bal-
beys, il trouva dans l'oasis d'Honoreb les restes du même canal
qui, de là, passait dans les terres cultivées de la Basse-Égypte.
S'étant ainsi assuré de la direction du canal primitif qui unis-
sait la mer Rouge à la Méditerranée, il donna ordre à Lepère,
ingénieur en chef des ponts-et-chaussées, de commencer ses
opérations à Suez et de tracer son plan.

(*Note traduite de l'anglais.*)

» jets qu'un des plus grands génie du monde,
» l'immortel Albuquerque , avait formé sur
» la mer Rouge. Ce grand homme estimait
» que ce n'était pas un trop grand sacrifice
» pour assurer au Portugal le commerce de
» l'Inde que de faire disparaître l'Égypte du
» rang des nations. » (1).

Et plus loin l'auteur ajoute cet étrange
aveu : « Le siècle actuel est un siècle de cal-
» cul et de politique commerciale. Le com-
» merce de l'Inde est l'axe sur lequel les
» commerçants de tous les pays portent leurs
» spéculations futures. Cette idée est domi-
» nante sur le continent comme en Angle-
» terre. Elle est regardée comme la seule
» source qui puisse réparer les grandes per-
» tes essuyées par suite d'une guerre longue
» et dispendieuse; or, le bienfait ne peut être
» le fruit de la liberté du commerce pour
» toutes les nations. »

Pour parer à ces éventualités redoutables,
l'Angleterre , comme nous l'avons déjà montré, a cherché à s'assurer, par une ligne continue de points fortifiés , le moyen de pro-

---

(1) Il voulait détourner le Nil de son cours naturel et le faire
perdre dans la mer Rouge.

longer son empire exclusif; c'est ainsi qu'elle
s'est rendue maîtresse de la mer Rouge. Aujourd'hui, il lui faut quelque chose de plus.
Il lui faut une possession déguisée, mais effec-
tive, de l'Égypte, qui lui assure en toute sécurité, mais sans causer d'ombrages ni à la
Porte, ni au vice-roi, ni à l'Europe, le monopole d'un transit restreint par l'isthme de
Suez. C'est pour atteindre ce but que depuis
longtemps déjà elle sollicite obstinément auprès du gouvernement égyptien la création
d'une voie de fer, car elle sait que lorsqu'elle
l'aura obtenue, il lui sera facile, sous pré-
texte de la préserver de toute atteinte de la
part des Arabes, et donner une entière sû-
reté aux entrepôts qu'elle devra élever pour
le service de ses marchandises, de débarquer
quelques troupes, peu nombreuses d'abord,
plus nombreuses ensuite, pour former enfin
le dernier anneau de cette longue chaîne qui,
des bords de la Tamise au rivage de l'Indus,
étreindra le monde, et arrêtera encore pour
un temps son essor vers l'avenir.

Oui, il faut qu'on le sache, et que l'opinion
publique ne tombe pas sur ce point dans une
fatale erreur. La création d'un chemin de fer
à travers l'isthme de Suez, ajourne pour un

demi-siècle peut-être la véritable solution de la question d'Orient. Profitable, quelles qu'en puissent être les conditions, à l'Angleterre seule, une voie de cette nature ne peut que modifier d'une manière insensible le mouvement du monde commercial. Elle donne à cette puissance les moyens les plus énergiques de couvrir ses possessions de l'Asie par une grande rapidité de communications, et elle maintient, à son profit, la navigation de l'Atlantique qui assure à son commerce une écrasante supériorité.

Dans le cas contraire, si tous les gouvernements de l'Europe et particulièrement ceux de France et d'Autriche ne trahissent pas les intérêts des peuples qu'il représentent; s'ils ne permettent pas que l'Angleterre consomme cette usurpation de tous les droits et de tous les intérêts; s'ils amènent le pacha d'Égypte à autoriser l'ouverture d'un canal qui a été longtemps, et tout récemment encore dans la pensée de Méhémet-Ali, l'empire des mers n'appartiendra plus à une seule nation; une immense révolution qui est à peine commencée s'accomplira, ce sera la complète substitution de la vapeur à la voile, ou du moins l'emploi simultané de ces deux puissances. Et dès lors un des plus grands dangers qui menacent l'Europe sera pacifiquement conjuré ; une heureuse et féconde rivalité d'intérêts commerciaux s'établira entre les nations et prendra la place de cet antagonisme menaçant de l'Angleterre et de la Russie qui, d'un moment à l'autre, peut faire éclater la plus terrible guerre que le monde ait jamais vue ; guerre continentale qui embrâsera tout l'Occident, et qui ne peut avoir d'autre conséquence dans le présent que la substitution d'une puissance à une autre, la substitution du monopole de la Russie à celui de l'Angleterre.

Après cet exposé de faits qui nous paraissent incontestables, ce qui reste à examiner c'est la possibilité du percement de l'isthme de Suez et de la navigation de la mer Rouge. C'est là qu'est le nœud de la question.

Quand on jette les yeux sur ce point central de l'ancien monde qui unit l'Afrique à l'Asie, que l'on suit d'une part le développement de la Méditerranée qui, à son extrémité orientale, descend vers le Sud ; et d'autre part, le prolongement de la mer Rouge qui s'avance entre l'Arabie pétrée et la moyenne Égypte, jusqu'à trente lieues du rivage de la Méditerranée, on ne peut pas douter qu'il ait été dans les desseins de Dieu de tout disposer, pour que la main de l'homme pût un jour lever le faible obstacle qui sépare les deux mers.

Si on examine attentivement la topographie de l'isthme dans la partie la plus étroite, depuis Suez, à l'extrémité de la mer Rouge, jusqu'à l'ancienne Péluze sur la Méditerranée, on est frappé du merveilleux ensemble de circonstances favorables qui paraissent rendre, non seulement possible, mais même facile, l'ouverture d'un canal de jonction. En effet, à partir même de Suez ou du moins à une très petite distance, s'étend, comme une véritable prolongation du golfe Arabique, une dépression longitudinale qui résulte de l'intersection de deux plaines descendant par une pente à peu près insensible, l'une des frontières de l'Égypte, l'autre des premières collines de l'Asie, et au fond de laquelle semble naturellement tracée, la ligne de communication entre les deux mers. De plus, par suite de l'abaissement du sol partout inférieur, excepté près de Suez, au niveau de la mer Rouge, on voit se développer une suite de lacs qui atteignent le bord opposé de la Méditerranée.

Des hommes compétents, des ingénieurs de divers pays, et particulièrement des ingénieurs français, ont exploré à plusieurs époques, et notamment depuis 1840, ces admirables dispositions de la nature; et il résulte de leurs travaux, que malgré les difficultés qui se rencontrent, non dans le trajet de l'isthme, mais à ses deux extrémités, c'est à dire sur les deux mers, malgré le niveau très inférieur de la basse Egypte qu'il faut préserver de l'irruption des eaux de la mer Rouge, par une digue fermant la vallée d'Onadyh qui s'ouvre sur le bassin du canal, rien au point de vue de l'art ne met un obstacle insurmontable à cette grande entreprise. Il est donc certain, aujourd'hui, et on en trouve la preuve dans un écrit très remarquable publié le 29 octobre 1848 par le *Journal des Débats*, que la science a dans ses mains la solution de ce grand problème.

Quant à ce qui est de la navigation de la mer Rouge, tout le monde sait quelle importance lui a déjà donné l'Angleterre. Elle y a établi un service de steamers qui se fait avec une parfaite régularité et qui prendrait immédiatement une bien autre extension que celle qu'il a acquise, si le seul obstacle qui s'oppose à son complet développement était levé. Nous voulons parler du haut prix du charbon de terre (1) qu'il faut dans ce moment transporter à Suez, à dos de chameau à travers l'Egypte.

On a prétendu que la violence des vents contraires et le danger des écueils s'opposeraient à ce que cette voie pût être livrée aux bâtiments de commerce d'un fort tonnage. Nous croyons que les perfectionnements apportés à la construction des bateaux à vapeur, dont la puissance est

_____

(1) On vient de découvrir des mines de charbon de terre en Egypte.

aujourd'hui incomparable à celle obtenue il
y a quelques années, l'emploi de bateaux
remorqueurs, et des modifications naturellement indiquées dans la forme des vaisseaux de transport, suffiraient à toutes les
nécessités.

Il résulte de tous ces faits sommaire-
ment indiqués, et sur lesquels nous croyons
inutile d'insister, que désormais, ce ne sont
pas des obstacles matériels qui peuvent
s'opposer à l'établissement de la navigation à travers l'Égypte mais des obtacles
politiques. Nous croyons avoir suffisamment
fait sentir que les peuples du littoral de
la Méditerranée, et ceux qui tendent à s'y
établir, sont tous intéressés à l'exécution,
et au succès de cette entreprise. La sublime Porte, et le gouvernement égyptien
ne peuvent avoir aucun motif de ne pas
s'y prêter. Il est même de la plus haute
importance pour le grand Turc, de se
rapprocher de ses possessions de l'Arabie,
des territoires de Médine et de La Mecke,
livrés, depuis 1840, à la plus complète
anarchie, et où son autorité, ne pouvant
plus se faire sentir, serait menacée de dé-
chéance. Danger aussi sérieux pour le chef

de la religion musulmane qu'aucun autre.

Quant à l'Égypte, elle trouverait dans son admirable situation plus importante désormais, que celle de Constantinople sur le Bosphore, des garanties de sécurité. Constituée dans un état de parfaite neutralité, sans que les intérêts de la Porte en puissent être lésés, elle serait naturellement placée sous la protection de toutes les puissances également intéressées, à ce qu'aucun État particulier ne pût s'y établir.

En terminant, nous exprimons le vœu, si cet écrit n'est pas, à cause du sujet, tout-à-fait indigne de fixer un moment l'attention publique, qu'il puisse inspirer la pensée à quelque membre de l'assemblée législative, et particulièrement aux représentants de Marseille, de déposer une proposition tendant à saisir l'assemblée de ce grand intérêt national.

La nomination d'une commission, ayant pour mission de s'enquérir auprès du gouvernement, et auprès de tous les gouvernements de l'Europe, de tous les documents recueillis jusqu'à ce jour pour la solution de cette grande question, assurerait à la France une glorieuse initiative et préparerait la formation d'un congrès de toutes les puissances intéressées qui donneraient par leur concours, et leur adhésion, le gage le plus formel et le plus certain de la paix du monde.

Imprimerie E. MARC-AUREL, rue Ficher, 20.